Inhalt

Beschwerdemanagement

Kernthesen

Beitrag

Fallbeispiele

Weiterführende Literatur

Impressum

Beschwerdemanagement

F.Muretta

Kernthesen

- Beschwerden müssen als Chance verstanden werden, um unternehmensinterne Geschäftsprozesse zu optimieren und die Kundenbindung zu verstärken. (1), (5), (7)
- Von essentieller Bedeutung ist die Anregung eines aktiven Beschwerdeverhaltens beim Kunden sowie die schnelle und unkomplizierte Abwicklung von Beschwerden.
- Ein mangelhaftes Beschwerdemanagement kann einem Unternehmen und seinem Image durch negative Mundpropaganda empfindlich schaden. (5)

Beitrag

Das Management von Beschwerden ist eine tragende Säule des Kundenbeziehungsmanagements. Kundenzufriedenheit und vor allem die langfristige Loyalität der Kundschaft kann nur durch einen professionellen Umgang mit Beschwerden erreicht und gehalten werden. (5)

Bedeutung des Beschwerdemanagements

Nach der Feststellung eines Mangels nehmen in der Regel nur etwa fünf Prozent aller unzufriedenen Kunden Kontakt mit dem betreffenden Unternehmen auf. Die restlichen 95 % verschweigen ihr Anliegen und wechseln im Wiederholungsfall mit hoher Wahrscheinlichkeit zu Wettbewerbern. Die seltene Kontaktaufnahme von Seiten der Kunden sollte deshalb entsprechend honoriert werden.

Beschwerden müssen als ein wertvoller Bestandteil des Kundenfeedbacks verstanden werden, da sie wichtige Informationen über die vom Kunden identifizierten Mängel enthalten. Sie stellen eine bedeutende Informationsquelle für die kundenorientierte Optimierung der unternehmensinternen Prozesse und die Verbesserung der Produktqualität dar und helfen bei der zukünftigen Vermeidung von Fehlern. Aus diesen Gründen ist das Beschwerdemanagement oftmals organisatorisch in das Qualitätsmanagement eingebunden. (7)

Der richtige Umgang mit Beschwerden führt daneben zu einer Stärkung der Kundenbindung. Unzufriedene Kunden, die nach der Beschwerdestellung eine schnelle und unkomplizierte Behandlung erfahren haben, bleiben dem Unternehmen mit 95 %-Wahrscheinlichkeit treu und besitzen das Potential, sich zu loyalen Kunden mit hoher Weiterempfehlungsquote zu entwickeln. (1)

Wenn Beschwerden demgegenüber nicht ernst genommen oder ganz ignoriert werden, hat das zur Folge, dass mehr als die Hälfte der enttäuschten Kunden zur Konkurrenz abwandern und ihre Erlebnisse im Freundes- und Bekanntenkreis weitererzählen. Diesbezügliche Untersuchungen haben gezeigt, dass durchschnittlich acht bis zehn Personen von einer solchen negativen Erfahrung unterrichtet werden. Auf einzelne Fälle beschränkt, vermag das noch nicht zu einer spürbaren Imageverschlechterung führen - häufen sich jedoch solche Vorkommnisse, ist eine ernsthafte Schädigung des Unternehmens nicht ausgeschlossen. (1), (5)

Ein effizientes Beschwerdemanagement kann dabei helfen, die Stellung eines Unternehmens im Wettbewerb zu festigen. Voraussetzung hierfür ist eine deutliche Differenzierung von den Mitbewerbern, beispielsweise durch die Sicherstellung einer besonders ausgeprägten Kundennähe.

Komponenten des Beschwerdemanagements

Grundvoraussetzung für das Management von Beschwerden ist die Bereitstellung bzw. Öffnung entsprechender Kommunikationswege. Die Kunden müssen die Möglichkeit haben, über den Kommunikationskanal ihrer Wahl mit dem Unternehmen Kontakt aufzunehmen und ihre Beschwerde abzusetzen.

Wie oben festgestellt, führt das Auftreten eines Mangels beim Kunden jedoch nur in wenigen Fällen zu einer tatsächlichen Kontaktaufnahme. Die erste wesentliche Aufgabe des Beschwerdemanagement ist somit die Ausgestaltung und Durchführung von

Maßnahmen, welche die Kunden aktiv dazu animieren, ihre Probleme mitzuteilen, bevor sie zur Konkurrenz abwandern. Denkbare Ansätze sind beispielsweise die Bereitstellung eines kostenfreien Hotlineservices und die Verteilung vorfrankierter Antwortpostkarten. (4)

Hat der Kunde bereits Kontakt aufgenommen und sein Problem geschildert, geht es um eine schnelle und unkomplizierte Abwicklung der Beschwerde, um professionelle und kundenorientierte Problemlösungsfähigkeit zu demonstrieren. Im Falle von Verzögerungen oder Unstimmigkeiten ist der Kunde unverzüglich und wahrheitsgemäß zu unterrichten. Eine adäquate IT-Unterstützung kann dabei die Reaktions- und Bearbeitungszeiten erheblich verkürzen, indem beispielsweise schon beim Eintreffen eines Kundenanliegens eine automatische Kategorisierung und Weiterleitung stattfindet. Falls die verwendete IT eine Komplettsicht auf den Kunden ermöglicht, beispielsweise durch die Integration des Beschwerdemanagements in ein vorhandenes Kundenverwaltungssystem, ist darüber hinaus eine deutliche Anhebung der Servicequalität und eine verstärkt individualisierte Kundenansprache realisierbar. (4)

Das umfangreiche, in den einzelnen Beschwerdevorgängen anfallende Datenmaterial enthält viele wertvolle Informationen für die Optimierung der unternehmensinternen Prozesse und die Verbesserung der Produktqualität. Aus diesem Grund werden alle relevanten Informationen systematisch gesammelt und analysiert. (4)

Dieses Erfahrungswissen dient darüber hinaus als Informationsquelle für die Erfolgskontrolle. Eine regelmäßige Überprüfung der verwendeten Instrumente und Prozesse ermöglicht es, das Beschwerdemanagement eines Unternehmens an externe Gegebenheiten anzupassen und zu optimieren. Eine Kontrolle des Erfolges beinhaltet in der Regel auch Leistungsmessungen von Mitarbeitern, beispielsweise die Beurteilung des Verhaltens während einer Beschwerdeannahme. Eine bekannte Schwierigkeit hierbei ist die Tatsache, dass offen durchgeführte Leistungsmessungen durch die bewusste Wahrnehmung der Kontrollsituation von den Mitarbeitern oftmals als unangenehm und ergebnisverzerrend empfunden werden. Viel besser eignen sich deshalb verdeckt durchgeführte Messungen, die auch Mystery Research genannt werden. (4)

Zusammenfassend lassen sich Struktur und Ablauf des Beschwerdemanagements in folgenden Stichpunkten festhalten:

- Stimulierung von Beschwerden
- Kanalisierung der Beschwerden
- Annahme und Bearbeitung der Beschwerden
- Analyse und Verwendung der gesammelten Daten
- Erfolgskontrolle des Beschwerdemanagements (4), (7),

Fallbeispiele

Beschwerdemanagement in deutschen Banken

Mehr als 30 % der Beschwerdeführer sind mit dem Beschwerdemanagement deutscher Banken sehr zufrieden, 25 % sind zufrieden. Allerdings gibt es weitere 40 %, die vom Ablauf der Reklamation enttäuscht sind. Im Vergleich mit anderen Branchen ist dies ein relativ gutes Ergebnis. Die Krankenversicherungen beispielsweise schneiden mit 65 % enttäuschten Beschwerdekunden, 19 % zufriedenen und 16 % sehr zufriedenen Kunden deutlich schlechter ab. (6)

Beschwerdemanagement in Versicherungen

In 38 % aller Schadensfälle wird die Betreuung durch die Versicherung vom Versicherten beanstandet. Allerdings nehmen 27 % der unzufriedenen Kunden nicht die Möglichkeit einer Beschwerde in Anspruch. 70 % der Beschwerdeführern führen an, dass der Grund ihrer Beschwerde in einer zu langen Bearbeitungsdauer oder in einer unbefriedigenden Beratung oder Betreuung liegt.

Die in einer Umfrage vom Mummert Consulting am häufigsten genannten Gründe für eine Beschwerde bei einer Versicherung sind folgender Aufstellung zu entnehmen:

-Unzureichende Betreuung 27 %
-Lange Bearbeitungsdauer 24 %
-Unzureichende Beratung 21 %
-Beitragserhöhungen 19 %
-Falsche Rechnungsstellung 19 % (2)

Beschwerdemanagement in der Automobilbranche

Beim Vergleich des Beschwerdemanagements verschiedener Automobilhändler im Rahmen einer Kundenorientierungsstudie der Universität Mannheim führen Mercedes Benz, Smart und BMW das Feld an, während Mitsubishi und Alfa Romeo-Händler die hinteren Plätze belegen. Ein deutliches Ergebnis der Studie ist die Erkenntnis, dass erhebliche Unterschiede im Leistungsniveau der verschiedenen Markenhändler existieren und dass das Potential des Beschwerdemanagements auch hier bei weitem nicht vollständig ausgeschöpft ist. (3)

Stimulation von Beschwerden

Um eine Erhöhung der Kundenbindung zu erreichen, hat die Sparkasse Bonn die Initiative Anregen statt Aufregen ins Leben gerufen. Mit diesem Programm sollen die Kunden dazu animiert werden, ihren Unmut vermehrt mitzuteilen. (4)

Weiterführende Literatur

(1) Strategien für langfristige Geschäftsbeziehungen - Bonus für die Kundenbindung
aus is report, Heft 12/2003, S. 38-40

(2) Kundenbetreuung könnte flotter sein

aus Versicherungswirtschaft, 1.12.2003, 58.Jg., Nr. 23, S. 1875

(3) Breite Streuung
aus AUTOHAUS, Heft 22/2003, S. 38-39

(4) Beschwerdemanagement bei der Sparkasse Bonn initiative "Anregen statt Aufregen"
aus Die SparkassenZeitung, 14.11.2003, Nr. 46, S. B7

(5) Der Erfolg von Lifestylemarken-
aus acquisa, Heft 11/2003, S. 53

(6) Optimierung lohnt sich Beschwerde-Management
aus Die Bank, Heft 11/2003, S. 725

(7) Beschwerdemanagement mangelhaft - Studie: Handlungsdefizite der Unternehmen beim Beschwerdemanagement
aus QZ - Qualität und Zuverlässigkeit, Heft 9/2003, S. 878-883

Impressum

Beschwerdemanagement

Bibliografische Information der deutschen Nationalbibliothek

Die Deutsche Nationalbibliothek verzeichnet diese Publikation in der deutschen Nationalbibliografie; detaillierte bibliografische Daten sind im Internet über http://dnb.d-nb.de abrufbar.

ISBN: 978-3-7379-0156-7

© 2015 GBI-Genios Deutsche Wirtschaftsdatenbank GmbH, Freischützstraße 96, 81927 München, www.genios.de

Alle Rechte vorbehalten. Dieses Werk ist einschließlich aller seiner Teile – z.B. Texte, Tabellen und Grafiken - urheberrechtlich geschützt. Jede Verwertung außerhalb der Grenzen des Urheberrechtsgesetzes bedarf der vorherigen Zustimmung des Verlags. Dies gilt insbesondere auch für auszugsweise Nachdrucke, fotomechanische Vervielfältigungen (Fotokopie/Mikroskopie), Übersetzungen, Auswertungen durch Datenbanken oder ähnliche Einrichtungen und die Einspeicherung und Verarbeitung in elektronischen Systemen.